AF220351

Impressum:
Autorin:

Helma Gerjets
Oldenburger Straße 11
26 823 Hesel
Herbert.gerjets@ewetel.net

Bildrechte:

Alle Bildrechte dieses Buches liegen
beim G & H Reepsholter Verlag

Satz und   G & H Reepsholter Verlag
Gestaltung   Henning H. Hinrichs
Langstraßer Weg 8
26 446 Reepsholt
gundhreepsholterverlag@web.de

Herstellung und Verlag:
BOD - Books on Demand, Norderstedt

ISBN: 978 375 432 63 12

Dat Leven is kien Ponyhof

Helma Gerjets

Dat steiht in dit Book:

Oostfreesland tegen Freesland

An en kollen, fröstigen Dag keem Willi bi Richard an: „In Naverdörp sall moorn dat groot Klootscheterdrapen Oostfreesland tegen Freesland stattfinden. Wat meenst du, willt wi nich hen to kieken?" Richard överlegg nich lang: „Käklers un Mäklers köönt de immer bruken. Dat Weer is daar ok na. Lang Hinni an un daar geiht he hen!"

De Beiden freuen sik al. „Laat uns nu aver en Grog drinken. So jung kaamt wi nich weer binanner." Nich maal Hilde mecker. Se weer buten ween un harr sik daar en kollen Nöös holt. So en Grog warm döör.

Anner Moorn up Tied maken sik de Mannlüü dick inmummelt up Padd. Up´t Feld weer al good wat los. De enkelt Mannschaften füren sik tegensiedig an. De Käklers un Mäklers ünnerstützen ehr düchtig. De Schmieters geven sik de gröttste Müh.

Nu weer de oostfreeske Schmieter dran. He nehm en goden Anloop un denn schmeet he van dat mit Kokosteppich utleggt Brett af. Un dat wurr en Trüll! De leep un leep! „Lüch up un fleu herut" hör man van all Sieden.

Nu führ Oostfreesland. Schullen se ditmaal winnen? Weer maal weer verdeent un good

Schmieters harren se ok. Annern sungen al Hannes-Fleßner-Leder: „Moder geev mi de Pockholters her un de Flüchterkloot." Oostfresen köönt fieren.

Willi nöög to en Braadwurst. „So as tweed Fröhstück schull mi de woll muntjen." Richard seeg dat nett so. Frisch Luft maakt Smacht. De Wursten leten good, mooi knusprig bruun. Daarto Mustard oder Ketchup un Brood. Willi bestell twee Stück. Se beten daar glieks in. De Schlachter harr sien Best doon. De Wurst weer lecker. Nu gung dat an´t betohlen.

Willi greep in sien Büxentasch un wurr hektisch. „Mien Knipp is weg! Dat hett mi well klaut!" „Nu holl man up, dat hest du seker in Jackentasch." Richard wull hüm beruhigen. „Nee, nee! De hebb ik daar in hat!" He söch noch maal in sien Jackentaschen. Aver nix! Dat Knipp bleev verschwunnen. „Ik löös di eerst maal ut, dat du nich afwaschen musst." Richard betohl de Wurst. „Up Rücktour goht wi bi d´ Gendarms lang. Du musst dat ja melden. Wat weer daar in?" „Blot mien Utwies. Mien Bankkaart hebb ik in Huus laten. Ik hebb dat woll ahnt."

Tomaal brook en ganz Enn van ehr weg en Tumult ut. „Hollt de Fend fast! Dat is en Deev!" reep en. En jungen Keerl mit en grönen Bomberjack un

Rucksack keem up ehr daal rönnen. Willi hullt sien Been ruut un de Fend floog in hogen Bogen hen. Do weren al mehr Mannlüü daar, de hüm fasthollen kunnen. „De hett uns dat Knipp klaut." „Mi wull he ok an d´ Büx!" En jung Froo keem daarto: „Ik hebb Gendarms anropen. Se sünd sofort daar. Ik hör ehr al!"

De jungen Keerl wull sik losrieten un utnaihen. Aver tegen de stark Mannlüü keem he nich an. „Wat is hier passeerd?" kemen de Gendarms to fragen.

„De hett mien Knipp klaut!" „Un mien wull he ok jüst ut Büx trecken! De mööt he in sien Rucksack hebben!" All mehr Lüü melden sik, de ehr Knipp to söök harren. Ok Willi maak sien Angaven: „Ik vermiss mien rehbruun Knipp mit dunkelbruun Ecken. Dat wull ik gern weer hebben, dat hett mien Trude mi schunken. Ik kunn nich maal mien Braadwurst betohlen." He weer immer noch düll. Dat weer hüm so pienelk ween.

De jung Keerl wehr sik nu nich mehr. De beid Gendarms keken in de Rucksack. Un recht un good! Daar harr he sien Beute in sammelt. Bolt all Portemonnees funnen ehr Egendömer weer. Bi de anner weer daar en Naam in.

De Lüü weren blied, dat dat kien düren Feldkampf wurren weer. För de jung Keerl weer dat

Klootscheten nu vörbi. He fohr ünner Polizeischutz weg. „So, nu geev ik up de Schreck eerst en anständigen Grog ut!" Willi harr sien Spendeerbüxen weer an. Richard un he leten sik de good schmecken.

De Klootscheters weren an't schmieten. Maal führen de Oostfresen, maal de Fresen. Willi un Richard wullen moorn in ehr Kääsblatt kieken, well denn woll wunnen harr. Ehr wurr dat hier nu to kolt un in Huus luur de hete Teepott up ehr.

Kuscheldeerten

„Moin Frieda! Hest du dien en nejen Reisekuffer köfft?" lach Angela. De beid Froolüü drepen bi´t Inkopen upnanner. „Jo, de is för uns lütt Luisa. Se wurd token Week en Johr. Se schluurt nu ja al immer mit ehr Aant rüm. De mööt nahst bestimmt överall mit hen un ok ehr Nulli."

Dat schull sik woll nich mehr ännern. Dat harr dat fröher al geven. Jeden Kind harr sien Kuscheldeert oder anners en Ding, wat he bruuk to schlopen. Frieda vertell: „Uns Andreas schluur immer mit sien Duffy rüm. Dat weer ursprünglich maal en Donald Duck. Toletzt harr de blot noch en Kopp un en Mors. All anner weer Hals. Wi harren al Nood, dat he ohn Duffy nich in School wull.

Andreas hett denn aver insehn, dat Duffy bi Huus blieven muss. Irgendwenner drüff he ok nich mehr ut sien Zimmer ruut. Blot, wenn he irgendwaar schlopen wull, muss Duffy mit. Dat weer eerst good, at he up Konfirmandenfohrt gohn is. De Blöße wull he sik vör sien Kumpels woll nich geven."

„Du, dat weer bi uns Claudia nich anners. Se harr so en ollen Teddy, ehr Budy. De schleep bi ehr un an en Ohr schluur se de immer achter sik an. Dat anner Ohr nuckel se in Schloop up. De segen beid so afgrepen ut. Wo faken hebb ik de neei Ohren naiht. Dat weer aver egaal.

Ik kann mi besinnen, dat se maal nachts düchtig speet harr. Dat schlimmst weer, dat Budy wat afkregen harr. Do hebb ik nachts stohn un Budy wuschen, nadem, dat ik Claudia van ünnern bit boven ümtrucken harr. Se leeg nu bi ehr Vader in Bedd. Budy muss eerst düchtig schleudern, dat de enigermaten dröög weer. Un ehr Bedd muss ok noch frisch betrucken werden.

Do hör ik ut Schloopstuuv: „Angela, kaam graad! Se hett noch weer speeit. Un dat mi midden in't Gesicht." Nu kunn ik van vörn anfangen, dach ik. Claudia harr aver good drapen. In't Bedd weer aver nix kamen un Klaus kunn sik sülfst waschen un ümtrecken. Ik hebb sekerheitshalber denn en Baadhandook mitnohmen un Claudia bi mi mi schlopen laten. Wat meenst, wat Klaus sik ekelt hett."„Tja, dat kummt daar all bi vör. Jochen nehm ok immer rietut, wenn uns Kinner spejen mussen.

Ik wööt van mien Arbeitskollegin, dat de lang en Küssen harr, wat se överall mit hen schluur. Of dat nu in Urlaub oder in Krankenhuus oder up Deenstreisen weer. Ehr Küssen keem mit. Se begründ dat daar mit, dat se utwärts ehr egen Röök bruuk. Of se dat noch hett, wööt ik nich."

„Tja, so is dat mit de Deerten. Nu schall Luisa en Kuffer kriegen. Daar kann ehr Aant un ehr Nulli denn in." Frieda freu sik nu al up up Luisas Gesicht. „Ik will graad up Huus an. Daar luurt mien Kuscheldeert seker al." Nu weer dat an Angela, komisch to kieken. Denn tipp se sik an d´ Bregen. „Jo, bi mi sitt ok en, de up Eten luurt." antwoord se lachend. „Bit anner Maal. Wi seegt uns!"

Hiltrud in d´ Suus

„ Wat is denn hier los?" Günther keem van buten rin un wunner sik. All Fensters stunnen in Hängen open. Kien Stück Möbel stund mehr recht up Stee. „Dat süttst du doch. Ik bün an schummeln." Sien Hiltrud stunn in Schloopkamer to Betten aftrecken un in Fensters leggen to lüften.

„Hier sucht dat as in en Apenstall. Denn gifft dat ok kien Tee un ok kien Middag?" He maak sik Sörgen üm sien Mohltieden. „Maak man Tee!" Hiltrud suus mit ehr Beddwasch ünner d´ Arm na d´ Waschmaschin. Mit Staubsauger keem se weer un wull de Matratzen begohn. Flink all afwischen, frisch Beddtüügg uptrecken un Fensters putzen. De eerst Ruum weer al halv klaar.

Nu keem bi´t Tee drinken de Pott up´t Füür. Bohnensopp schull dat geven. De kook van alleen. „Waarüm büst du denn so in´t Suus? Dat maakst du anners doch nich." Günther wull dat nu doch genauer wöten. „Anners hebb ik ok ja en Dag länger Tied. Nu mööt ik moorn aver al froh na d´ Frisör. Denn will ik anschließend gliek inkopen. Moorn avend mööt wi doch up Helmuths Geburtsdag." Mehr in Stohnen drunk se ehr Tee.

„Denn gifft dat moorn ok ja kien Tee un kien Middag." „Ik schluut Broodschapp nich af. Du kannst di aver noch Sopp heet maken. Ik kook genoog." Hiltrud schüddelkopp. Wat Günther immer för Nood üm sien Mohltieden harr. So weer se al weer in ehr Schloopkamer verschwunnen.

As nächst wurr in de best Stuuv Stoff wischt, Fensterbank afwischt un de Huulbessen schwungen. Nu kunn Hiltrud noch en Ruum afhaken. Daar bruuk se bloot all veerteihn Daag bit dree Week grünnelk döör. Dat weer ehr Kiekstuuv un se seten daar bloot mit besünner Visit un an Festen. Weer Middag wurden un Günther wull Eten hebben. „Ik bün sofort sowiet. Noch graad Tuffels koken."

In dat Sett weer noch graad dat lütt Klo ünnern dran. Planung weer allens. Tüüg flatter al an Lien. Hiltrud weer stolt up sik.

„Günther, Bohnensopp is klaar!" Sogaar en Joghurt harr Hiltrud vör Dag zaubert. Se leten sik dat Mohl good schmecken. Günther harr sien letzten Biet noch nich döör d´ Hals, do weer he al up d´ Weg in Middagstünnen. Natürlich in Fernsehstuuv up Sofa! Man daar wull Hiltrud doch as nächst rein maken. Un nu? Nu leeg Günther daar! „Leeg du dien Benen ok man eben hoch. Dat deit di good!" Na´t Köken uprümen sett Hiltrud sik ok in ehr Sessel. Dat düür kien twee Minüten un de beiden schnurken tegennanner an.

Sowat tegen halv dree gung de Stuvendöör open: „Wat is hier denn los? Schlummerstunde? Jo harr man klauen kunnt!" In d´ Döör stunn Gesa, ehr Dochter. „Ji harren de Achterdöör in Hängen open stohn laten. Mama, un dien Wasch hebb ik ok al rett. Dat regent jung Hunnen." Nu kemen Hiltrud un Günther in Fohrt. Se harren nix mitkregen. „Beduurt jo man eben. Ik sett al maal Teewater up." De Wasch weer al bolt tosamen leggt as de beid Schloopmützen upstunnen. De Beddbezüüg mussen noch laken werden. Dat Tüüg weer all dröög weiht.

„Waarüm steiht de Bessen un de Huulbessen hier denn rüm?" „Ik bün an rein maken!
Dat mööt ok noch klaar vandaag. Moorn mööt ik up Tied na d´ Hoorschnieder to Dauerwelle. Moorn fiert Helmuth sien Geburtsdag un mien Coronamähne mööt daar bidaal." klär Hiltrud Gesa up. „Kien Angst! Blot mit uns. Dat wurd kien Volksauflauf. Mimi maakt eerst wat to eten un denn sitt wi noch gemütelk binanner. De sörgt sik ok üm ehr Gesundheit." In disse Tieden weer dat nich so eenfach mit de Geburtsdagsfieren.

Anner Moorn seet Hiltrud al up Tied bi de Hoorschnieder to Krullers maken. Dat schlimmste weer, dat de olle Schnutenpulli immer in´t Gesicht blieven muss. Glieks wurren ehr mit angenehm warm Water de Hoor wuschen, schneden un up veel lütt Wicklers dreiht. Mit en Froolüüjournaal seet se denn ünner de Hoordröger.

Wat daar all in stund. All de Stars un Sternchen mit ehr mooi Kleer un lütt un groot Problemen. Se schüddelkopp. Wat de all vör Sörgen harren. Se schullen blied ween, wenn se mooi in d' Warmtde sitten kunnen, gesund weren un denn dat daar ok noch so mooi weer. Jo un satt to eten un drinken harren.

Hiltrud seeg sik in Marbella an Jachthafen sitten un döör de Altstadt flaneeren. Se wull sik en Koffie setten laten. De Röök truck ehr al in Nöös. De Boutiquen locken ok. Un denn dat mooi warm Weer. Se spür de warm Sünn un Wind recht. Se föhl sik so recht woll. Hiltrud de en depen Sücht. So kunn dat blieven. Daar wurr se anspraken. Hiltrud verschruck sik recht. Well keen ehr hier in Spanien denn?

Se maak de Ogen open. Se seet immer noch bi d' Friseur, aver de Dröger weer klaar. Nu mussen ehr Haar weer wuschen werden. Se weer in Schloop kamen un harr so en mojen Droom van de Mojen un Rieken hat. Hiltrud schüddel sik. Dat weer ehr noch nie passeerd.

Bi't Inkopen weer se immer noch rein wat verbiestert un muss sik düchtig tohoop rieten. In Huus murk se, dat se de Hälft van de Waren vergeten harr. Aver noch maal los wull se ok nich.

Avends gung dat na Mimi un Helmuth. Se harren en gemütelken Avend. Hiltrud vertell van ehr Droom un broch daarmit all to'n lachen. Se weren sik enig, en Droom kunn ok ja in Erfüllung gohn.

Eerst mussen se aver bi Huus blieven un ehr Arbeid doon.

Stillfredag 1977

Buten weer dat kolt. In Köken heiz de Ölbiestellherd un hullt de de Ruum mooi warm. De Ölovend in de lütt Stuuv muss noch anheizt werden. Daarför weer mien Mann vandaag tostännig.

För uns Visit un uns geev dat de eerst Tass Tee in Köken. Tomaal geev dat en Knall! Whoop! Wi keken uns an. Wat weer dat? Dat keem ut de lütt Stuuv. Wat weer daar passeerd? Vörsichtig luren wi all döör de Döör. Wat weer dat? Dat seeg ut, as wenn daar schwart Sneeiflocken fullen. Weer nu all weer ruhig.

„Goht daar nich up de Teppichboden. Daar trappelt ji de ganz Ölruß up fasst. Waar is de Huulbessen?" Resolut nehm mien erfohren Schwägerin dat Zepter in Hand. Ik weer totaal kopplos. Uns mojen nejen Stuuv! Wi wohnen daar doch eerst en vierdel Johr. Ik harr Tranen in Ogen. All weer't versaut. Överall harr sik en Film afsett: up Disch mitsamt Dischdeken, up Sofa un Sessels, up Schapp, up Lamp un up Fernseh. Un mien Gardinen! De hungen doch eerst en paar Week un weren nu mehr schwart as witt. De düür Dinger!

„Nehmt de Nadels daarruut un denn ab in Waschmaschin!" Ik mööt ganz mal keken hebben. „Ik hang di de weer up! Ik kann dat." beruhig mien

Schwägerin mi. „De Sofaküssens un Övergardinen kaamt daar glieks achter an." Ik wööt nich mehr, wo faken wi dat Wischwater wesselt hebbt. Irgendwenner harren wi allens afwischt un putzt. Blot en dunkeln Striep boven de Sofolehn vertell noch lang van uns Großputz up Stillfredag. Irgendwenner is aver ok daar en nejen Tapet an Müür kamen un de Fleck weer ok rein.

Blot Middageten hebbt wi an de Dag nich mehr hat. Dat hebbt wi up Avends verschoben. Twee Johr later wurr bi uns denn en Gasheizung inbout. Dat weer en saubern Kraam.

Blot an disse Stillfredag van vör över veertig Johr mööt ik faken denken.

Trude un Eugen

„Mama, Papa! Wi wünscht uns so düchtig en Hund! Daar köönt wi so mooi mit spelen." De veer Deerns van Thomas un Elke legen ehr daar bolt jeden Dag mit in Ohren. „Nix daarvan! Ji veer reicht! Denn mööt Mama daar ok noch achteran. Se mööt al waschen, plätten, koken, rein maken un jo kutscheert se ok noch överall hen. Wenner schall se denn noch mit en Hund Gassi gohn? Gifft nich!" Thomas harr en Machtwoord sproken.

Anner Dag weren de Deerns sik weer eenig. Se bedeln un quäsen weer. Ditmaal gung dat üm en Katt. „De geiht doch alleen Gassi un fouern köönt wi de ok." „Hebb ik jo dat güstern nich seggt? Dat gifft kien Deert! De Arbeid hebbt wi daar mit!" Trurig vertrucken Mine, Sina, Elfi un Tina sik in ehr Kinnerstuuv. Nu weren se doch enttäuscht.

Sowat veer Week later weer Ostern. De veer Deerns kregen jeden Johr to dit Fest en Överraschung. Ditmaal harr Thomas bi de Navers stiekum en Huck bout. Daar schullen twee Zwergkaninkens ehr Tohuus in finnen. In de Nacht vör Ostern wullen se dat Huck bi sik in Tuun stellen. Naver Günther wull gern dragen helpen.

De Osternüsten weren dit Johr unwichtig. Se harren ja Osterhasen kregen. Daar weer en richtig Drängelee vör de Kaninkenstall. „Dat sünd aver blot twee? Kriegt wi noch twee?" De lüttste, Mine, harr gern ehr Deert för sik hat. „Nee, twee Kaninkens reicht. De mööt plegt werden. Daar köönt ji jo jeden Dag mit afwesseln. De mööt jeden Dag twee Maal fouert werden. Dat maakt ji! Mama sörgt daar för, dat immer Fouer in Huus is. Tuffelschiel, Gröön van Blömenkohl oder Kohlrabi is immer daar. Messen do ik!"

De Veer wesseln sik mooi af bi ehr Arbeid. Se weren so blied to ehr Deerten. Wenn maal en kien Tied harr sörgen se för Ersatz. Se nehmen ehr Upgaav ernst. Fouer weer immer genoog daar. Navers brochen ok immer weer wat röver. Stund faker maal en lütten Körv vull bi ehr vör de Döör.

Jeden harr sien Upgaav. Thomas muss jeden Saterdag för frisch Streei sörgen. Aver Trude un Eugen leten sik dat gern gefallen. Thomas sperr ehr denn immer binanner in, dat se nich afhauen kunnen. Se schullen buten noch en Utloop kriegen. Thomas nagel noch Höhnerwirr an en Lattenrohm. Ok boven up keem Draht. Nich dat de flink Deerten daar över sprungen. En Klapp, waar de Muckis ehr Utloop betrecken kunnen keem daar denn ok rin. Nu kunnen se buten dat frisch Gras knabbern. Se föhlen sik woll un hoppeln blied wat döör dat Utloop. Wo woll Eugen un Trude sik föhlen, schull Thomas bit nächst Maal messen sehn.

So as jeden Saterdag moorn na't Fröhstück maak he sik an sien Wark. De Kaninkenködels mussen weg. Letzt Daag harr dat regent un de Fellnösen weren in ehr Hucken bleven. Thomas sett ehr binanner in un Trude gung up Eugen daal. Se weer so recht kriebig. „Wat is denn mit di los? So geiht dat aver nich!" schnack Thomas mit ehr un fung an to messen. Man wat weer dat daar achtern in Eck?

Daar harr Trude en Nüst bout! Se weer dragend. In veer Week schullen se lütt Kaninkens hebben. Wo muss dat nu? Thomas wuss noch gar nich woveel Jungen daar kemen. Sina, Elfi, Tina un Mine freuen sik düchtig. „Denn hebbt wi ennelk elk en Deert."

Acht Week lang mussen de bi ehr Moder blieven. Eerst söög se de un denn freten de mit ut Block. Thomas harr sik schlau maakt. He wull de Kaninkenmama de Jungen nich glieks weg nehmen. Aver wenn se groot genoog weren, schullen se anner Besitters kriegen. Daar weren sik Elke un Thomas enig. Ganz egaal wat de Kinner seggen! Un Maandag maak Eugen eerst en Utflug na de Veehdoktor, dat ehr sückse Överraschungen erspaart bleven!

Immer weer besöchen ehr Schoolfrünnen, as de lütten ut ehr Nüst kropen weren. Se weren ok to nüüss antokieken. Dat Bedeln van de Kinner nütz all nix. All fiev Kaninkens wurden verschunken, as se sowat acht Week old weren. Se wullen kien Kaninkens tüchten.

Nu weer dat Huck weer blot mit Trude un Eugen besett. Un Nawass geev dat Dank de Veehdoktor ok nich mehr. Elfi, Tina, Mine un Sina kümmern sik wieder üm ehr beid Zwergkaninkens.

Lievkniepen

Edzard leep mit Leidensmien döör de Gegend. He stöhn un puust. „Opa, wat hest du? Büst du krank? Hest du aua?" Sien Opaseger, de lütt Nils stapp de ganze Tied achter hüm an.

„Kaamt man eben rin. Ik hebb en frischen Kümmeltee maakt. De schall di woll helpen." reep Hilde. „Ik mach de aver doch nich." Nu nörgel Edzard daar ok noch över rüm. „Wöötst du, wat mien Oma immer see? „Was bitter ist im Munde, ist innerlich gesunde." Drink du man oder du geihst nahst na d´ Doktor. De kann di helpen." droh se ehr Ehegespons. „So en Gejauel un Gejösel kiek ik mi nich lang mit an. Du hest dat aver ok sülvst schuld. Wat ettst du ok soveel hartkookt Eier!"

Edzard truck de Kopp in un drunk de heet Tee. Nils kreeg sien Hagebuttentee mit Hönig. De schmuck hüm. „Opa, mien Tee is so lecker. Drink man, denn hest du kien Aua mehr!" Mit verachtenswerten Utdruck keek Edzard de Teebeker an. „Nu geev mi man eerst en Aquavit. De mag mien Maag woll uprümen un de schmeckt wenigstens!"

Hilde wurr nu düll. „Seeg man to dat du ruut kummst un marschier dat Tuunpadd up un daal. Hier binnen kannst bi di nich düren. Van wegen up en Vörmiddag Aquavit!" schüddelkoppend schmeet de resolut Hilde hüm ruut. Aver all de Eier geven ehr Dünste ok al af. „Nils, tööv man eben. Ik hebb noch wat." Hilde kraam in ehr Schapp mit Backtodaten. „Hier sünd noch Plumen. De musst du mit Opa delen. Twee för Opa un en för di. Daar geiht Opas Aua van weg!" So altoveel wull se Nils nich daarvan tomoden.

Se wuss, dat dat nich mehr lang düren würr, un Edzard seet up Klo. Wo füünsk schull he denn ween? Un Nils harr sik to Middag ok noch Spinaat un Spiegelei wünscht. Hilde harr sik aver överleggt, dat se Fischstäbchen maak. Se wull dat nich överdrieven. Good af kunn se dat nich, wo Edzard lieden muss.

He seet al up Klo to stöhnen un pusten un schellen. Dat werd aver all. „Mi geiht dat so schofel! Ik goh gliek in Bedd." „Opa, wi willt doch buten spelen. Dat hest du mi versproken!" Sien lütten Enkel kunn he nix afschlaan. Se gungen eerst weer ruut. So harren beid Bewegung.

Dat düür aver nich lang, do reep de Oma: „ Eten is klaar. Kaamt ji?" „Oma, hest du Spinaat kookt?" Do dreih Edzard sik üm un röön ruut. „Bliev man hier. Gifft Fisch daarto." Edzard keek ehr an, as wenn se en Geist weer. He harr woll an ehr Verstand twiefelt, hüm nu ok noch Spiegeleier vör to setten. De Apetit weer aver nich to groot. Daarför weer de van Nils ümso grötter. He leet sik dat good schmecken.

„Wat is denn mit Papa los?" weer de eerste Fraag van Maren, as se ehr lütten Jung afholen wull. „De hett al de ganz Dag Lievkniepen. He hett toveel Ostereier eten: Soleier, bunt Eier un Eier in Senfsooß un up Brood muss he ok noch van de hartkookt Eier hebben." „Hest hüm al dröög Plumen geven?" „Jo, un hüm de ganz Tied ruut scheucht mit Nils. He schull sik bewegen, dat de Darm in´t röhren keem." vertell Hilde.

Tomaal keem Edzard anrönnen. „Ut Padd, ut Padd! Ik mööt, ik mööt!" Do hören se en richtigen Knall !" „Is Opa explodiert?" wull Nils wöten. „Nee, dat glööv ik nich. De hett seker en pupsen musst." „So luut?" „Jo, dat weren all de Eier!" wurr Nils upklärt.

Kriedewitt keem Edzard van dat sogenannte stille Örtchen. „Dat hett mi de ganze Dag quält! Nu mööt ik mi eerst verholen. Eier eet ik eerst nich weer!"

Wat Buur nich kennt...

Tanja dusch ehr Twengels, un denn wull se Fröhstück up Disch maken. Eier muss se ok koken. De harren Nadja un Oliver sik wünscht. Bernd, de Papa, weer ünnerwegs to Brötkers holen. En lütten Inkoopszedel harr he ok mit.

He keem bepackt weer mit Brötkers, Obst, Uplaag, Kääs. Man wat weer dat? Wat harr he daar mitbrocht? „Bernd, wat is dat? Wat hest du daar weer anschleept? Dat köst blot all Geld extra, wat wi nich hebbt." Tanja fauch Bernd gliek van Siet an. Bevöör he antwoorden kunn, kemen de Kinner: „Wi hebbt Hunger! Gifft nu Fröhstück?" „Jo, kaamt graad. Ik hebb Brötkers mitbrocht un ji hebbt Eier kookt. Willt ji Kakao? Mama un ik drinkt Koffie."

So weer tomaal Ruh inkehrt. De lütt Familie leet sik dat schmecken. För de Twengels wurr en Brötker deelt. Se mussen eerst ehr Ei eten, denn kregen se daar Schokoladencreem up. Eenmaal harren de beid lütt Schlüngels doch glatt versöcht mit en Soppenschleev in dat Glas to kamen. De Öpnung weer aver to eng.

Tanja weer still an d´ Fröhstücksdisch. Anners weer se blied an vertellen: „Mama, büst du krank? Du seggst ja gar nix." Sogaar Nadja fullt dat up. „Laat Mama man tofree. De hett Kopppien. Dat wurd weer beter!" Un wenn Bernd nu ehr

Ogenupschlag sehn harr, weer he so van d´ Stohl kippt. Scheel keem in de best Familien vör.

Up Rücktour van´t Inkopen hullt Grete bi ehr Jung un Schwegerdochter an. „Oma, Oma, musst nich so luut ween. Mama hett Koppien." empfungen de beid Lütten ehr. „Denn will ik man eben na Mama kieken."

„Fraag du mien Moder man, wat du daar mit maken kannst. Schallst man sehn, dat is lecker!" Bernd wuss sik to helpen. „Schnackt ji van mi?" „Oh! Di hebbt woll de Ohren klungen. Ik hebb Rhabarber köfft un Tanja kann daar nix mit anfangen." Bernd freu sik, dat sien Mama daar weer.

„Ja, Bernd hett dat eenfach mitbrocht. Ik hebb dat noch nie kookt oder eten. Ik weer düll." „Dat weren dien Kopppien! Ik hebb en Idee. Wi backt en Rhabarberkook. Du backst doch immer so en leckern Kirschstreuselkook. Waar hest du dat Rezept? Dat nehmt wi. Eerst mööt wi de Stangen aver schillen un up Stücken schnieden." Mitnanner röhren se de Deeg an un belegen de mit Rhabarber un Rosinen. „Nu verraad ik di noch en Trick. Bestreei dat Rhabarber mit en paar Lepel Speisestärke, denn suppt dat nich so döör un wurd matschig." Flink weer de Kook in Ovend.

„Ik hebb mi nich wunnert, dat Bernd Rhabarber köfft hett. Dat eet he al as Kind so geern. He keem faken mit en Stang ut Tuun un dat is so suur. Keenst du dat nich van Huus ut? Geev dat bi jo nich?" froog Grete ehr Schwegerdochter. „Nee, dat kenn ik nich un hebb dat ok noch nie sehn." „Ik kook daar ok Pudding van un denn mit Vanillestipp oder Rhabarbersopp mit Kaneelstangen un Eisneeiklütjes daar up." verraad Grete Tanja. „Danke! Denn musst du mi de Rezepten maal verraden. Bernd freut sik bestimmt."

Namiddags geev dat Rhabarberkook bi d´ Tee. Sogaar Schlagrohm harr sik noch funnen. „Dat schmeckt mi lecker! So mooi sürelk. De back ik noch weer. Bernd, ik mööt mi bi di entschülligen för mien Verhollen. Aver wat de Buur nich kennt, dat frett he nich. Du hest mi wat beters belehrt." Sogaar Nadja un Oliver muchen de neei Kook geern.

Tanja bedank sik bi ehr Schwegermoder van Harten. Wat so Omas all wööt!

Karktied

De ganze Week waak Pastoor Matthias Willms moorns up un weer döör un döör natt schweet. He harr nachts Alpdrööms. Dat weer eerst nich so schlimm ween.

Vergangen Nacht muss sien Froo hüm sogaar upwaken. He harr up Beddschotskant seten un all vör sik hen reed. Sien Froo Beate kunn aver nix verstohn. He nuschel doch düchtig nachts. De nächst Nacht wurr wedder unruhig. Beate un Matthias drogen al dunkel Ringen ünner d´ Ogen. Matthias muss doch utruht ween. Moorn weer doch Gottesdeenst.

Dat dicke Enn schull aver noch kamen. Matthis wälter sik weer van en Siet up anner. Schweet leep hüm bit Leven daal. Nichmaal Beate kunn hüm waak kriegen. He reed nu düdelk: „Waarüm sünd Se blot hier? Nichmaal de Organist is kamen!"

Mit en frömden Stimm antwort he sik sülvst: „Dat is mien Upgaav as Köster. Ik mööt de Kark open schluten un de Klocken lüden." Tomaal schloog sien Stimm weer üm. Nu klung dat weer na Matthias: „Waarüm sünd hier denn kien Lüü in d´ Kark? Ik kann doch nich vör los Banken predigen." Nu antwoord de anner Stimm weer: „Ja, man Herr Pastoor, wööt se dat denn gar nich? Van moorns speelt ünnert Karktied Düütschland tegen England. Denn kaamt bestimmt kien Lüü in d´ Kark."

Ennelk weer de Nacht vörbi. Beate un Matthias weren noch schloperg. Ehr Deenst luur aver ja. En Dusch verdreev de letzt Mööigkeit. Nu kunnen se gemütelk mitnanner fröhstücken, bivöör se mitnanner na de Kark gungen.

De Köster weer so as immer al daar. Ditmaal hören se buten de Örgel al klingen. Wat weer de Matthias blied, dat daar ok Lüü in de Banken seten. Weer woll nich so veel as to Wiehnachten. He weer dankbaar daarför un tofree.

Na en mojen Gottesdeenst froog de Pastoor de Köster: „Is van moorns egentlik en wichtig Footballspeel? Ik quäl mi daar al de ganze Week mit." „Nee, wo kaamt se daar denn up? Doch nich üm Karktied! Denn weer ok nich so veel Volk in d´ Kark ween!"

Denn weren Matthias sien mal Drööms ja gar nich so unbegründ. Nu kunn he aver eerst weer ruhig schlopen.

Man wat seggt uns dat? Man mööt ok över so wichtig Saken as en Footballspiel Bescheed wöten.

Malte hett Geburtsdag

Malte weer al ganz upgeregt. He harr token Week Geburtsdag. Sien Kinnergaarnfrünnen Sven, Emil, Max un Jacob harr he al inloden. Noch kemen de Mamas mit. De Kinner bruken doch noch wat mehr Uppass un manchmaal kemen ok de lüttker Geschwister mit.

Andrea harr sik överleggt en Erdbeerobstboden to backen, de eet Malte geern. Daar wull se ut Bananen en veer leggen. Ok sien Lieblingskook schull dat geven. För de Kinner wull Andrea noch en Överraschung maken: sülvstmaakt Gummibonbons.

De harren se vör en tiedlang bi en Bekannte probeert. Se harr sik dat Rezept glieks upschreven.

Nu weer Andrea an infroren Erdbeeren musen un daar keem noch Bananenmus döör. Dat streek se en halven Zentimeter dick up Backpapier. Tüschen de Döörklapp van de Oven klemm Andrea en Kooklepel, dat de Fuchtigkeit good aftrecken kunn. As so en Kater schleek ehr Schlickerfio üm de Backoven.

Eerst harr Stephan rümquakt: „Dat wurd ja veelst to düür! Well schall dat betohlen!" Denn seet he mit Taschenrekner un reken ut, wat dat köst. Dat wurr billiger as en Tuut mit Teddybons!

Ennelk weer dat dröögt un Andrea kunn de Plaat kööört schnieden. Se maak daar Schlangen van, lütt un länger un lütt un grötter Platten. Tüschenin muss se Stephan welk up Fingers hauen: „Dat is so lecker un dat is ok noch gesund. Wat du immer all findst för uns lütt Müüs!" „Jo, dat suggt sogaar Marita al so weg. Se hett dat letztens ja bi Sandra probeert!"

Nu keem ehr gröttst Problem: Se muss de Büssen mit Bonbons versteken. Bloot waar? Do fullt ehr in, in Schloopstuuv boven in Schapp muss dat woll klappen. En paar leet se in Köken in en Büss stohn. Lecker Bons mööt probeert werden.
Ennelk weer de Geburtsdag van Malte daar. In Huus lücht al en Keers up sien Platz.
He harr gar kien Tied to fröhstücken.

He weer doch dat Königskind in d´ Kinnergaarn. He drüff sik en Kook utsöken un ok de Kinner, de bi´t Backen helpen schullen. Mit sien Kroon seeg jeder gliek, dat he vandaag Geburtsdag harr. Veel Kinner harren en Blööm ut Tuun mitbrocht. So droog he nahst stolt en bunten Struuß na Huus. In Moornkreis drüff Malte en Leed un en Spill utsöken. De lütt Keerl föhl sik so richtig woll.

Middags wurr he van sien Mama un Marita afholt. Namiddags keem sien Besöök. Andrea harr de

Dischen al deckt. Se wullen mooi in Schatten ünner Dack sitten. De Kinner kunnen denn buten in Tuun mitnanner spelen, bruken nich uppassen, wenn se kleijen un up Disch stunn immer wat leckers to drinken oder eten.

De mooi Erdbeerkook mit de veer un noch de veer Kersen to utpusten freu dat lütt Geburtsdagskind düchtig. De gröttste Överraschung keem denn: Andreas sülvstmaakt Gummibons. Daar sünd de Kinner eerst skeptisch ran gohn: Wat Buur nich keent, dat ett he nich. Aver denn reten se sik de bolt tegensiedig ut Hand – un nümms bruuk schellen. De Bons weren ja gesund.

Üm Avendbrood geev dat noch Nudels mit Tomatensooß. Daarto noch Gurken-, Kohlrabi- un Wuddelsticks. En beten wat gesundes nebenbi schaad nich. Veel pass in de lütt Gasten nich mehr rin. Se weren satt un mööi na Malte sien Geburtsdagsfest.

Sönndag harr Malte noch en goden Dag. Denn kemen all sien Omas un Opas. Denn schull to middag grillt werden. Namiddags geev dat Tee un Kook. Of denn noch woll wat van de Gummibons över sünd?

Ruhestörung

„Ruhestörung? Un dat an frohen Moorn? Hett daar en jung Huusfroo bi´t rein maken Radio vull open dreiht un de Navers passt dat nich?" „Ja, ik wööt dat ok nich, wat de Lüü hebbt." De beid Gendarms Hinrichs un Jürgens amüseern sik daar över.

„Wi mööt aver ja los." meen Klaus Jürgens. He weer de Öllere van de beiden un stüür de Streifenwagen. „Nu kiek di dat an, Heinz! Wat maakt de Keerl daar denn? Is de an Tehnen putzen, hier an Stroot?" „Wat maakt se denn daar?" froog he ok glieks de Mann. „Is´t all rein nu?" „Ik harr gern duscht, statt so en Katzenwäsche, aver dat mööt sik helpen." „Hebbt se kien Tohuus un well sünd se enig? Wiest se uns eerst maal ehr Papieren."

„De sünd in mien Auto. Daar schloop ik upstünds ok in. Mien Fründin hett mi ruut schmeten. Siet dree Daag campier ik hier al vör de Döör. Duschen kann ik up Arbeit. Vandaag is aver ja Saterdag." So geev Julian Grabe hüm sien Utwies. Gendarm Hinrichs överprüüv de. „Nehmt se de man glieks fast. De haut sien Froo! Güstern Avend weer dat ganz schlimm. Daar boven weer en Gedrüüs! Ik wull ja al gliek anropen. Man Günther, wat mien Mann is, wull dat nich hebben." Nu stund ok noch de neeigierig Froo Förster bi ehr. „Oh, sünd se Froo Förster un hebbt uns anropen?"

„Jo! So geiht dat nich wieder! De arm Froo!" Man kunn recht sehn, wo Julian de Kamm anschwull. „Nu reicht dat aver! Ik weer güstern avend gar nich in Huus! Lena hett mi ruut schmeten!" „Phh!" Froo Förster glööv üm dat nich. „Ik hebb di doch hört. Daar weer doch en Mannlüü – un en Froolüüstimm. So en Keerl as di hebb ik sowieso in d´ Luur. So tätoweert un muskelbepackt as du büst. Un denn dat mien Froominsch daartegen."

Nu grepen de Gendarms aver in. Se wullen de arm Julian nich so utschellen laten. „Hebbt se Herrn Grabe denn sehn, Froo Förster?" froog Gendarm Jürgens na. „Nee, natürlich nich! Ik wull mi doch kien överbraden laten. Denn harr ik ok so en Veilchen hat as he!" Dat kunn Julian glieks klaar stellen: Daar hett Lena mi de Döör vör de Nöös dicht hauen. Un wat se ok nich wööt: Ik bün Sozialarbeiter. Goh ik denn up Minschen los? Ganz bestimmt nich!"

Gendarm Hinrichs harr sien Angaven al all överprüft. „Dat stimmt all wat he seggt. Aver waar weren se güstern avend? Ok hier in Auto?" Julian drucks wat rüm. „Nee, ik weer mit mien Fründ Andreas bi d´ Italiener. Viellicht hebb ik sogaar de Bon noch." So weer he al bi´t Auto. „Hier is de!" Julian weer blied as en Klütje.

„Well hett daar denn so en Skandaal maakt? Nu mööt wi aver kieken, wat mit Lena is! Ik maak mi ok Sörgen bilütten." Tosamen gungen se mit de Gendarms up de Wohnen an. Up´t Pingeln wurr gliek open maakt.

„Julian, wat wullt du? Nu kummst du al mit Gendarms?" „Ik bün blied, dat di dat good geiht. Güstern Avend weer hier so en Skandaal. Waar is de Keerl, de hier bi di is?" Lena weer baff. „Wat för en Keerl?" „Kumm, nu holl up! Daar stoht noch twee Glöös up Disch! Well is hier bi di?" Julian reeg sik nu up. He keen Lena doch.
Tomaal luur de Gendarm up. „Wat is daar boven los? Rauscht daar de Bruus? Daar is doch noch well?" So röön Gendarm Jürgens de Trepp anhoch. Un glieks in d´ Baadkamer rin. Daar stunn en jungen Mann ünner d` Bruus un keek ehr verfehrt tomööt.

„Wat is hier los? Well büst du? Wat wullt du hier?" Julian weer ok al boven.
De Gendarm förder hüm up, sik sofort an to trecken un rünner to kamen.
Hier licht sik de ganz Saak. „Ik bün Mattias Jung." „Ja, un wat wullt du Jüngling hier?" Julian weer immer noch upbrocht. Nu fung Lena stockend an, dat uptoklären. „Mattias hett nix maakt. Ik hebb vör över achtteihn Johr en groten Fehler maakt. Mattias is mien Jung un ik harr hüm

to Adoption free geven. Ik weer doch eerst füffteihn, as he geboren is un kunn nich för hüm sörgen."

„Nu bün ik achtteihn, un ik kunn erfohren, well mien recht Moder is. Ik will ehr blot kennenlernen. Dat dat hier to so en Polizeiinsatz kummt, hebb ik nich mit rekent." „Lena, waarüm hest du mi dat nich vertellt? Du wöötst doch, dat ik alleen van Berufs wegen Kinner lieden mach?" Julian weer enttäuscht. Keduck antwoord se: „Ik hebb mi so schaamt." „So en dumm Tüüg! Du kannt mi doch vertrouen!"

„Un waarüm weer hier nu güstern so en Skandaal?" Froo Förster harr sik allens afluurt. Nu wull se dat aver genau wöten. Lena antwoord för Mattias in Stee: „Dat geiht ehr ja egentlich nix an, aver ik vertell ehr dat trotzdem. Mattias mööt för d´ School en Theaterstück öven. „Denn bölkst du so rüm?" Froo Förster wunner sik blot. „In mien Wohnen maakt wi, wat wi willt."

Julian stunn al de ganz Tied mit Lena in Arm. Se weren blied, dat dat so utgohn weer. Aver Froo Förster harr nu düchtig wat to vertellen.

De beid Gendarms weren dankbaar, dat se so en mojen Insatz hat harren, de ganz anners anfangen harr.

Mit Rollator bi't Padd

Anni Wigands harr sik de good Faltencreme ut Apotheek holt. Vör de Döör stund ehr Rollator. Mit't Lopen weer dat nich mehr so veel. Dat Stee weer nu aver los! Waar weer de Rollator? Se keek üm sik to. Daar achtern! Daar leep en jungen Mann mit ehr Rollator. Oh, man good, dat se ehr Handtasch mit Knipp mit rin nohmen harr.

Froo Wigands schloog Alarm. De Apothekersde reep de Gendarms: „Kaamt se graad na de Apotheek an Markt. Hier wurr en Rollator klaut." Se nöög de old Froo sik hen to setten. Ehr bang, dat se ehr ümkipp vör Upregung.

Daar weren al de Gendarms. „En Keerl hett mi mien Rollator klaut. Ik harr hüm hier buten vör de Döör afstellt un blot mien Creme köfft. Nu schufft de Keerl daar achtern daar mit weg." Se beruhigen ehr un fohren de Keerl na.

Dürr man en Moment un se weren bi hüm. „De Rollator hört ehr doch nich oder?" De Mann weer höchstens dartig Johr old. Blot sien Lopen weer man wat unseker. Schull he krank ween oder schlimmen Döörst hat hebben? Do schloog ehr en gewaltigen Faahn tomööt. De Mann harr dat stur to antwoorden. Sien Tung wull nich so as he woll wull.

Do kreeg he aver doch ruut, dat he Matthias Janzen heet. „Ik will mien Elfi na Huus bringen. De kann hier mooi up sitten." De Gendarms grinsen sik en. „Du hest wat deep in´t Glas keken. Du fohrst nu mit uns. Wi hebbt en mooi blausülver Auto."

„Ik mööt Elfi aver doch na Huus bringen." wehr he sik. „Waar is Elfi denn?" Elfi luurt bi d´ Hüpkepütt up mi." He kreeg dat bolt nich ruut. „Ja, denn holt wi dien Elfi ok noch." „Sien Fründin geiht dat bestimmt nich beter as hüm." weren sik de Gendarms enig.

„Eerst bringt wi aver de Rollator torügg!" „Daar kann Elfi doch so mooi up sitten."
„Nix! De öller Daam bruukt de, un ji hebbt sopen! Dat ji nich lopen köönt, hebbt ji sülvst schuld." So langsaam wurden de beid Beamten ungedüllig.

Bi de Apotheek seet de Froo Wigands to luren. Se empfung de dree futernd: „Wo köönt se woll en old Minsch de Rollator wegnehmen. Ik kunn hier nich van d´ Stee." De Gendarms hullen ehr torügg. „He wuss nich, wat he de! Nu willt wi sien Fründin insammeln. Denn werd se bi uns inquartiert."

Mitnanner torkeln se up de Hüpkepütt an. De beid Gendarms kunnen Matthias Janzen bolt nich hollen. „ Waar is dien Elfi nu denn? Hier is kien Froominsch!" froog de en Gendarm vergrellt. „Elfi!

Elfi!" reep Matthias. Daar keem Elfi an un sprung bi hüm hoch. Elfi weer en spitzgedackelten Schäferhund!

„Ok dat noch! Ik dach, dat weer en Froo. Man good, dat wi de Bulli mit hebbt. Laat uns sehen, dat wi up Wache kaamt." De Gendarms kunnen't bolt nich faten, wat se daar beleevt harren.

De Froo weer unverletzt un harr ehr Rollator weer un egentlich weren Matthias un sien Elfi ok fit. De harr blot moorn noch en Deert mehr – en Kater.

Hilkes Marmelaad

Rieko un Fidi wullen sik en gemütelk Fröhstück schmecken laten. Up Disch stunn al Kääs, Wurst un för elk een kookt Ei luur ok. Stuut un Brood stund ok paraad. Rieko luur blot, dat Fidi mit de Marmelaad ut de Spieskamer keem. Fidi weer denn Söten bi ehr. Van wieden reep he al: „Ik hebb de Marmelaad mitbroocht, de ik letzt van Hilke kregen hebb! Bün maal gespannt, wat se ditmaal weer tosamen brout hett." Nu muß dat Glass noch open. Dat weiger sik aver. Kien Millimeter leet sik de Schruuvverschluß dreihen.

„Geev man eben her! Ik klopp daar eben mit Messtrüügg uplang." Meesttied hulp dissen ollen Trick ja.

Dit Glass aver bleev dicht. Denn muss dat up Kopp in kokend Water. „Maak to!" reep Fidi ut Eetstuuv. „Dat kann doch so stuur nich ween so 'n Glass Marmelaad open to maken. Wies mi dat eben her, wenn du dat nich kannst!" Rieko överleed Fidi dat Wark. Mit sien groot Hannen versöögg he de Deckel open to kriegen. Immer noch nix. Wat nu?

„Ik will de Marmelaad aver eten!" Fidi wurr nu vergrellt. „Dat kriegg ik open. Wenn nich mit Geduld, denn mit Gewalt! Daar goh ik mit in Warkstee! Mit Hummer un Knieptang geiht dat open. Schallst man sehn!" Weg weer Fidi.„Ik eet nu mien Ei un fröhstück. Dat düürt mi to lang, bit du sowiet büst!"

Tomaal hör Rieko Fidi upschrejen. Se röön no achtern. Wo seegg Fidi ut? Wat weer hüm passeerd? Fidi weer över un över mit Marmelaad vull spackert. Blöden de he ok noch! Wat harr he nu wedder anstellt? „Ik hebb mi mit Hummer up Duum hauen at ik de Tang drapen wull." „Nu hebbt wi nix mehr van de Marmelaad, du süttst ut at so ´n Swien, dien Duum mööt verbunnen werden. Fidi, du maakst blot Malöör!"

Rieko weer nu so richtig vergrellt. „Harr ik dat sülvst maakt, harr ik de mit Büssenöpner open dreiht! Nu kann ik de Saueree hier ok noch wegmaken!"

„Rieko, de Marmelaad schmeckt aver lecker. Viellicht krieggt wi ja en neei Glass van Hilke." Fidi see dat un schlick sien Fingers noch maal af.

De Maler kummt

Rieko harr Fidi överreed kregen, ennelk maal dat Treppenhuus to renoveeren. De Maler weer d´r ween to utmeten un Termin afschnacken. De nächst Week schull dat losgohn. De Tapeten wullen se sülvst bidaal rieten. Helga, ehr Dochter, schull ehr helpen.

Rieko un Helga verbrochen en üm anner Stünnen in d´ Flur. Se weren eerst mit Gardensprütz biween un harren de Tapeten mit Sepenwater inwekend. Nu weren se jeder mit en Spachtel an afkraben. Af un to leet sik en grötter Stück afluken. Fitzel för Fitzel puhlen se van de Müren. De beid Froolüü schullen daar düchtig bi.

Do keem Fidi ok noch an: „Gifft dat vandaag gar kien Tee? Dat is al elf Ühr döör! Pott is ok noch nich up Füür!" Do wurr Rieko de Kopp vergrellt: „Du kannst blot an eten un drinken denken. Schullst hier man de Tapeten mit afkraben un binanner maken. En Rull mit schwart Sacken liggt in Waschruum in de middelst Schuuvlaad. Waar de Bessen steiht, wöötst du. Kannst aver eerst Teewater upsetten."

„Dat kookt al glieks." Fidi weer gnutterig. He kunn dat nich good af, wenn dat all so döörnanner weer. He muss sik nu aver fügen. Dat Treppenhuus weer al bestimmt twelf Johr nich mehr streken

44

wurden. Rieko schiel nu noch up en anner Garderoov. Eerstmaal aftöven, wo de Flur mit de neei Tapeten utseeg. Köst ja all en Stang Geld. Helga un Rieko kraben all Tapeten van de Müren af. Fidi maak dat binanner.

So kunn Maler Menno anner moorn glieks anfangen. Wat maakt de? Fangt as eerst an to Spiekers ruut luken un spachtel de Löcker weer mit Gips dicht.
Waar schullen se nu denn ehr Schlödelbrett un de Biller bi de Trapp anhoch uphangen? De schullen daar doch weer hen. He harr ehr doch woll eben fragen kunnt! De anner Maler harr de Spiekers sitten laten. Nu muss Fidi de Bohrmaschin schwingen. Man lehrt nich ut.

Üm Teetied weren de eerst Bohnen Tapeten al an de Müür. Dat gung d´r fix bilang. En lütten Paus günn de Maler sik un denn gung dat wieder. Rieko harr sik veel Müh geven mit ehr Middagspott. Dat geev Schnitzel, Arven un Wuddels un Kartuffels. As Nadisch reich se denn noch Quarkspeise mit Mandarinen. Middagstünnen fullt ut.

Ruckzuck weer Menno nu klaar un droog sien Warktüüg ruut. Denn meen he to Rieko: „Hier sünd nu noch en ganzen Rull un noch twee anbroken Rullen Tapeten, waar noch allerhand up is. Wullt di nich noch en Rull Tapeten holen. Denn maak ik di dat daar boven ok schier. Mit disse

Resten kannst ok nix anfangen." Nu harr he Rieko en Floh in Ohr sett.

„Ik schnack mit Fidi un roop di van Avend an." „Wat wullt du van mi?" Fidi keem mit en knitterig Gesicht un wuschelig Haar van´t Sofa. Se vertellen hüm dat glieks. „Un waarüm överleggt ji jo dat nu eerst?" Dat harr ja al bolt klaar ween kunnt." „Denn kaam ik Middeweek namiddag weer un tapezeer jo dat!" versprook Menno. Rieko freu sik. Se kunn denn in Ruh utrümen. Blot schull daar nu noch en nejen Garderoov bi ruut springen?

Rieko maak sik glieks an´t rein maken. Anner moorn wullen se de Rull Tapeten kopen. Viellicht kunnen se denn noch bi de Möbelladen lang. Fidi stunn moorns in Flur: „Wat is dat hier mooi lecht wurden. Willt wi würgelk de old Garderoov hier weer rin hangen?" „Nee, Fidi! Willt wi glieks noch eben in de Möbelladen kieken, of de wat passends hebbt?" Tapeten kopen düür nich lang un denn gungen se anner Siet Stroot hen un keken sik na en Garderoov üm.

Rieko un Fidi lepen mitnanner up en dunkeln Schapp mit dree Schuuvladen un passend Kleerhaken un en mooi schlepen Spegel daal. Se bruken nich lang överleggen. De schull ´t ween. De Pries stimm ok. Blot wenner levern se de? „De Möbel köönt se glieks mitnehmen. Dat Schapp mööt se in Huus tosamen bouen. Spegel un Kleerhaken kaamt direkt an d´ Müür." Dat kunn Fidi woll as Handwarker.

Rieko sörg nu noch graad för wat in de Middagspott. Denn gung dat na Huus. Se freuen sik beid över ehr neei Möbel. Mitnanner stellen se dat Schapp up un hungen Kleerhaken un Spegel up. „Kiek maal, woveel Bott daar in is! Daar köönt all uns Halsdöök, Mützen un Hanschen in." Dekoreert weer dat Schapp mit en Spitzendeken wurden. Helga beprohl dat düchtig. Ehr gefullt de Garderoov woll. Se freu sik, dat ehr Öllern sik wat Neeis günnen.

Se weer kamen to Tapeten afkraben. Weer füllen sik de schwart Sacken. „Ik wunner mi woveel Schichten daar up sitt. De Flur is ja glieks en halven Quadraatmeter grötter, wenn de old Tapeten daar bidaal sünd." Anner Dag keem Menno weer mit sien Spachtel, keek allens na un dree enhalv Stünnen later weer boven allens chic un schier.

Nu weer Rieko dran mit Dören un Footliesten afwischen, Fensters putzen un all weer up Stee rümen. Disse Föhrjohrsputz maak Spaaß. Bloot wat weer dat? Up ehr neei Schapp weren all so komisch Musters. Wo schull dat kamen? Dat mooi Schapp! Wat schull Fidi blot seggen? „Helga, kiek eben. Mien neei Schapp! Dat is so komisch utschlaan. Wat is dat? Liggt dat daar an, wiel dat so günstig weer? Wat seggt Papa woll!"

Helga fung luut an to lachen: „Mama, putz dien Brill!" un streek mit flach Hand över dat Schapp. „Dat is reinen Stoff! Dat kannst du so afwischen!" Wat harr Rieko Nood hat.

Kriegswirren

„In mien Utwies steiht Helene Janssen geb. Buss. De old Lüü hier in´t Dörp wööt, dat dat nich ganz richtig is. Ok mien Geburtsdatum stimmt nich ganz, dat Johr woll." „Daar wurr immer van munkelt. Man ik hebb sowat nie glöövt." Frauke antword up Lenis Vertellen.

De Häkelbüdeltanten seten binanner. Leni weer egentlik en ganz ruhigen Vertreter un see nich liecht wat. Vandaag gung dat bi´t Tee drinken üm Stammboom un Herkunft. Nu vertell Leni ehr ganz trurig Geschicht: „Mien Moder is mit mien Bröör Falk un mi ut Schlesien flücht. Wi mussen, bivöör wi en Ünnerkamen in´t Döörp kregen, eerst na de Börgmester. De weer nett. Wi kregen daar eerst Tee. Denn wullen wi wieder. Ik muss aver noch ganz nödig Pipi maken. Dat drüff ik daar bi de Börgmester in d` Schüür.

Mama un Falk weren al ruut up d´ Stroot gohn. Ik hör tomaal Schöten fallen. Hebb mi daar aver nix bi dacht. Dat weer in Krieg. Blot ditmaal weren mien Mama un mien Bröör beid drapen wurden. Nu weer ik ganz alleen up de Welt un hebb blot noch weint. De Börgmestersfroo harr Erbarmen mit mi un hett mi tröst. Ik kunn daar do blieven. Blot mien Mama un mien Bröör fehlt mi bit vandaag. Ik wööt ok nich waar mien Papa afbleven is.

Nu schull dat nich mehr Froo Börgmester un Herr Börgmester ween, ik schull Tant Anni un Unkel Hans seggen. Se wullen mi bi sik hollen. Ik hebb ehr woll düchtig duurt, un se harren ok en Dochter in mien Öller, Grete. Ik weer do fiev Johr old. Dat wüss ik al un ik wuss, dat ik Helene heet. Mien Geburtsdag is do up de 13. Oktober fastleggt wurden. Dat is de Dag, an de dat Malheur passeerd is. So is dat all schätzt.

Ik hebb in Tant Anni un Unkel Hans ganz leev Pflegeöllern funnen. Se hebbt mi nie spüren laten, dat ik nich ehr Kind weer. Ik hebb irgendwie ok neei Papieren kregen, so dat ik later en Utwies un en Geburtsurkunde harr. In de Kriegswirren weer dat al upsünners."

Lenis Fründinnen harren ehr toluurt. Een of anner weer sogaar en Traan över d´ Wang kullert. Se harren de lütt Deern daar vör sik sehn. Se wünschen sik nix anners as Ruh un Free in de Welt.

„Du musst di aver doch immer wat wuddellos vörkamen. Wi seggt so faken, dat hebb ik van mien Mama oder van mien Papa arvt, ganz egaal of dat Bewegungen, Geschmack oder Utsehn is." Hilke maak sik över süske wieder Utwirkungen Gedanken. „Jo, dat weer as jung Minsch stuur un ok as mien Kinner lütt weren. Nu hebb ik mi daar an wehnt. Ik bün vandaag dankbaar daarför, dat ik van Unkel Hans un Tant Anni upnohmen wurden bün. Se harren mi ok in en Waisenhuus steken kunnt. Ik geev ehr geern wat van mien Dankbaarkeit torügg. Vör allem in disse stille Tied, wenn all de fallen Soldaten un anner Opfer gedacht wurd."

Ditmaal gungen de Häkelbüdelfrolüü nadenkelk up Huus an. Mit so en Schicksaal in ehr Runn harren se nich rekent. Lüü schnacken immer veel.

Tom in Nood

„Wo süttst du denn ut? Du büst ja wittnösig un du beverst an´t ganz Leven. Wat is passeerd?" Dieter dreep up Tom un keek hüm van boven bit ünnern an.

„Holl blot up! Ik hebb en Nacht achter mi! Ik harr mi in en Huus verdrückt un daar glieks in Schlaapstuuv in´t Bedd. Dat weer bi dit gräsige Weer mooi warm." „Ja un do? Wat is passeerd?" „Ja, pass up:

Dat dick Enn keem noch. Eerst sett sik daar so en breden Achtersteven up Bedd. Denn schaukel dat so düchtig, dat ik dach, nu wurrst du seekrank. Ik harr kien Kotztuut un kien Emmer. In Bedd spejen do ik nich! Daarto bün ik to good ertrucken.
Aver dat gung vörbie. Man do fung dat tomaal an to rüken - nee to stinken!" „Minsch Tom! Wat weer daar denn passeerd? Harr daar en in Büx maakt?" „Nee, Dieter! Mi weer ja al bolt weer schlecht. De hett furzt as so en Maschinengewehr."

Dieter fung luut an to lachen. „Harrst du en Minsch erwischt, de Bohnensopp eten harr. De köönt woll knattern. „Ik bün blot noch na ünnern flücht. Daar rook dat good. So richtig lecker na Kääs. Ik hebb all söcht. Funnen hebb ik kien Kääs. Aver dat ik schmachtig schlopen mööt, bün ik wehnt. Kuschelig warm weer dat daar.

Man do dach ik, dat dat nu eerst recht los gung. Daar weer en Skandaal! Dat klung, as wenn daar en ganzen Kompanie en Busch platt sagen de. Nu kunn ik mi weer en neei Versteek söken. Ik bün man so ünner't Schapp suust. Do triller ik al as wat! Nu wurr dat all luter!

Dat hör sik an, as wenn daar en Zug keem. Schull de Minsch eerst Holt saagt hebben, dat he denn de Damplok daar mit beheizen kunn? Ik hebb blot dacht: Ik mööt hier weg!

Irgendwenner wurr dat ennelk lecht un dat Fenster keem weer open. Wat weer ik blied. Blot waar weer all dat Holt bleven? Soveel weer doch nich verheizt wurden?
Nu man graad ruut. Ik hebb ja Glück hat, dat de olle geele Kater mi nich kregen hett, de daar üm Huus to streek."

„Wat wullst du ok binnen in dat Huus? Tom, du wöötst doch, dat wi Müüs uns in Acht nehmen mööt vör Minschen un Katten! Minschen fangt ok Müüs!"
„Mi hett dat Lehrgeld genoog ween. Ik söök mi nu buten Nahrung un ok en Schuppen, waar ik ünnerkamen kann. Ik hebb Nöös vull!"

Lisa-Marie telefoneert mit Nikolaus

„Moin Nikolaus! Wo geiht di dat? Hier is Lisa-Marie. Hest du Corona good överstohn? Du hörst ja ok to de Risikogruppe. Büst ja al en öllern Mann. Du bruukst aver ja nich ünnerwegens un kunnst dien Engels schicken."

„Dat is ja mooi, dat du di Sörgen üm mi maakst. Mi geiht dat good un du kannst di al freuen. Ik kaam so as jeden Johr un bring Schlickers un Stutenkeerl."
„Musst du denn ok so en Schnutenpulli antrecken? Denn kann man dien mojen Baart ja gar nich mehr sehn! Ik hebb aver lehrt, dat wi de bruukt, dat wi nich krank werd. Du büst aver doch nachts ünnerwegens. Denn dröppst du doch nümms."

„Mien Kind, du glöövst nich, woveel Minschen nachts ünnerwegens sünd. Veel Lüü mööt nachts arbeiten. So as Taxifohrers, Doktors, Krankenschwesters, Gendarms un all de Lastwagenfohrers, de uns Eten un Drinken binanner holt. Un denn sünd daar noch de Minschen, de kien Tohuus hebbt. Se övernacht in Huusingänge oder anner Steen, waar dat warm un dröög is. De besöök ik ok immer. De sünd mi ganz wichtig. Se sünd jüst in Winter arm dran.

Aver ok de old Lüü besöök ik dit Johr. Anner Johren harren se ehr Seniorenadventsfier. De fallt nu ja ut. Du hest dat eben al so mooi erklärt. De hört all to de Risikogruppe. De freut sik bestimmt över en lütt Upmarksaamkeit. Ik bün van verscheden Gemeenden un Vereenen ansproken wurden. Dit Johr hebb ik besünners veel to doon. Ik hebb en paar Schnutenpullis oder Fratzenschlüppers, de hebbt ja mehr Naams. De seegt sogaar mooi ut. Ik hebb en in rood un mit Musikinstrumenten un mit Speeltüüg. Mien Engels weren flietig an naihen för Wiehnachtsmann un mi. Wi mööt de ok ja dragen."

„Uns Kinner vergettst du bi all dien Upgaven aver nich?"

„Nee, Lisa-Marie, ji Kinner sünd mi am wichtigsten. Aver ok Groten freut sik över lütt Gaven. Ik mööt noch eben kieken, wo ik dat maak, dat ik de lütt Kinnergaarnkinner besöken kann. Vielleicht goh ik daar för de Fensters. Hen mööt ik daar up jeden Fall."

„Wo geiht Wiehnachtsmann dat denn? Ji hebbt anners ok in Koophüüs ween to knipsen. Dat is nu doch veelst to gefährlich."„Wiehnachtsmann geiht dat ok good. Wi hebbt mooi upnanner uppasst. In Koophüüs goht wi dit Johr woll nich. Fotografeeren mit Kinner up Schoot geiht nich. Du bringst mi aver up en Idee. Wat hollst du daar van, wenn wi van Wiehnachtsmann un mi en groten

Pappupsteller henstellt un darvör en Slee, waar ji up sitten köönt. Denn gifft dat dit Johr ok Biller to Wiehnachten."

„Jo, Nikolaus, up Fotos sütt man dat nich so genau. Dat is en goden Idee! Denn hest du de nächst Tied ja noch veel to doon. Grööt all dien Engels un de Wiehnachtsmann van mi un blievt mooi gesund. Ik will ok immer leev ween!"

„ Lisa-Marie, dat freut mi, dat du anropen hest. Ik bestell de Gröten!"

Heilig Avend ünnerwegs

Jantje un Jonas weren ganz upgeregt. Mit ehr fiev Johr drüffen se an de Dag vör Heilig Avend dat eerste Maal helpen, de Wiehnachtsboom bunt to maken. Se wullen ehr Maalkastens holen, bit Mama Laura de groot Kartons mit Kugels un Steerns van Böön hol.

Do wussen se weer, wo en Wiehnachtsboom utseeg. Mama Laura un Papa Marek wiesen ehr, wo de uphangen wurden. As eerst kemen de elektrisch Kersen an de Boom. Nu hungen se veel bunt Kugels up. De Kinner wurden immer weer mahnt, vörsichtig mit de Glaskugels üm to gohn. Boven kümmern sik Laura un Marek üm de Wiehnachtsboom. Se harren all Wiehnachtsschmuck holt, wat se beseten. De Krüpp stund ok all.

So en bunten Boom harren se noch nie hat un de Twengels harren ehr Spaaß! Sülvstbastelt Steerns ut Kinnergaarn wurren uphangen. Nebenbie sungen de Lütten Wiehnachtsleder. Dat weer recht gemütelk.

„Nu packt de Kartons weer binanner un rüümt de Stuuv weer up. Ik maak uns noch en Punsch un en paar Keksen." Laura verschwund in Köken. Flink weer de Stuuv weer uprüümt. Sogaar mit Huulbessen weer Marek noch ünnerwegs ween.

Nu noch wat Leckers bi Kersenschien un denn weer Beddgohnstied för Jantje un Jonas.

Do wull Jantje noch wat wöten: „Mama, kummt Wiehnachtsmann denn ok würgelk? Nich dat de ok noch krank wurd!" „Ik glööv, de kummt bestimmt. Ji köönt ja noch maal Zucker up Fensterbank leggen." De beiden harren ok van all de Kranken bi de Coronakrise hört.

„Wenn wi moorn Tee drunken hebbt, denn köönt wi woll en mojen Spazeergang maken. Denn hett Wiehnachtsmann Tied jo Packels to bringen." „Och Mama! Dat maakt doch kien Spaaß!" Jonas weer maal weer to leu to lopen. „Ik glööv, dat wurd en ganz besünnern Spazeergang. Is doch Heilig Avend un Kark is ok nich. Daar sünd seker noch mehr Lüü ünnerwegs."

De Kinner gungen good in Bedd un schlepen ok graad. Laura un Marek bereiten dat Wiehnachtszimmer vör. Se holen all de Packels in Stuuv. Stiekum weren de Öllern inkopen ween. Denn mussen de Rollers noch achter't Sofa.

Nachts kregen Marek un Laura denn Besöök: „Wi hebbt tokeken. Wiehnachtsmann weer noch nich daar. Dat Zucker liggt daar noch. Stuuv is aver afschloten. Wat is daar los?" Jonas weer ganz verstöört. „Wat willt ji denn midden in d' Nacht? Kaamt graad in 't Bedd." De Kinner kropen bi ehr

Mama un Papa in. „Mama, waarüm weer de Stuuv afschloten?" Jantje schleep noch nich. „Sch sch! Daar weer seker al de Wiehnachtsmann an vörbereiden. Schloop nu flink!" flüster Laura.

Do weer bolt regelmässigen Aam to hören. Anner Moorn susen de Twengels glieks na dat Fensterbank. Nu legen daar Schlickers. Na dat Fröhstück wullen de beid Kinner eerst ruut. Komisch, anners weer dat doch nich so nödig? Do seeg Laura ehr üm Huus to schlieken. Do fullt ehr in, dat se dat sülfst ok doon harr: se wullen spioneeren. Schullen se woll döör dat Stuvenfenster kieken könen? Nee! Nix to sehn! De Jalousien weren dicht un dat nu noch.

„Mama, du hest de Jalousie in Stuuv noch gar nich open maakt." De Kinner wullen ehr uttricksen. „Ji seegt doch, dat ik hier noch to doon hebb. Ik bün an Tuffelsalaad maken. De mööcht ji ok doch?" „Dat rückt hier so lecker. Backst du Kook?" Jantje harr en fienen Nöös. „Nee, dat sünd Stuten, de ik al in Ovend hebb. Moorn kaamt Oma un Opa doch to Avendbrood." „Un wat gifft dat van Middag?" Marek mit sien lang Liev harr al weer Hunger.

„Du kannst Pizza backen. De kann denn glieks achter de Stuten an." „Papa, Papa, wi helpt di ok! Wi köönt al Wurst schnippeln." Jantje weer ganz upgeregt. Mitnanner bereiden de dree Pizza vör.

De Kinner wurden all upgeregter. Spelen in ehr Kinnerstuuv wullen se ok nich. Ennelk weer Teetied. Laura lees bi de veer Adventskersen de Wiehnachtsgeschicht. Dat düür Jantje un Jonas aver veelst to lang. Se wullen doch ünnerwegs. Se wüssen, dat se denn Avendeten kregen, wenn se weer daar weren un denn de Wiehnachtsmann daar ween harr. Ehr Mama un Papa zögern dat aver ruut, bit dat bolt düster weer. Denn segen all de Wiehnachtsluchten doch veel mojer ut. Se bummeln un denn gung dat ennelk los.

Mitnanner lepen se dat Padd achter lang Richtung Dörp. Bi veel Hüüs lücht en Wiehnachtsboom in Tuun un tüschenin ok al in Stuuv. Dat Gras weer witt froren un glitzer. Dat weer kolt klaar Luft. Tomaal bleev Marek stohn: „Hört ji dat? Daar speelt en Trumpeet! Wat mooi!" „Jo! Daar antwort noch en Trumpeet. De speelt Tochter Zion! Wat mooi!" Se stunnen andächtig binanner to luren. Well schull dat ween? Sogaar de Kinner luren still to. Denn weer dat weer still un se spazeeren wieder.

In´t Döörp weren de Straten mit de Wiehnachtsluchten utlücht. Nu hör Jonas wat: „Hört maal, nu trummelt daar well!" Weer bleven se stohn. „Daar is ok de Trumpeet weer. De speelt dat Leed van deen lütten Trummler." Laura harr dat glieks keent. Sinnig summen se vör sik hen.

Wat klung dat mooi döör dat Döörp. Well maak daar Musik?

Disse Spazeergang schull ehr unvergeten blieven. Dat weer mojer ween as en Gottesdeenst, wiel dat so unverhofft weer. So langsaam kemen se up Huus an. Sogaar de Kinner weren ruhiger wurren. De Musik harr woll Indruck achterlaten. Se föhlen sik all so recht up Wiehnachten instimmt as se mit kolt rood Ohren un Nösen weer na Huus kemen.

Flink verschwund Laura in Köken. Se sett Water för de Würstchen up. Ehr Kinner kreeg se an't Disch decken. So kunn Marek in Stuuv verschwinnen, ohn dat he vermisst wurr. De letzt Kleenigkeiten mussen noch richt werden. Ok de Wiehnachtsboom schull lüchten, wenn de Kinner in Stuuv kemen.

Selten kunnen de Fievjohrigen so mooi eten. Schienbaar schmuck ehr de Tuffelsalaad un de Wurst. Ok afrümen passeer ohn extra Woord. Nu muss dat aver endlich in Stuuv gohn.

Mit knobeln un anner Spelen vergnögen de veer sik an disse besünner Avend. Jantje un Jonas harren am Leevsten noch en Runn up ehr neei Rollers dreiht. Daarför geev dat aver neei Puppentüüg un neei Fohrtügen, waar man mit spelen kunn.

Irgendwenner wurren ok de Kinner mööi un

mussen in Bedd. Se drömen bestimmt van Trumpeten un Trummels.

Kater!

„Fritzi, wat is denn mit di los?" De schwartwitt Kater leeg daar vör dat Schapp in de Eetstuuv, as Silke daar moorns rin keem. He stund torkelnd up, maunz naar un brook so weer tosamen. „Frank, Frank! Kumm flink! Fritzi is krank! Wi mööt so tomaal na d´ Tierarzt."

Do seeg Silke eerst, waarüm de Kater sik so schofel verholl. He harr van de Weinbrandbohnen freten, de ünner de Wiehnachtsboom legen. Daar legen nu noch Resten up Footbodden. Nu fung dat arm Deert ok noch an to würgen un brook de ganz Pralinen weer ut.

De Tierarzt ünnersöög Fritzi gründlich un geev hüm en paar Sprützen mit Vitaminen un Mineralstoffen. „Nu leggt hüm man mooi in sien Nüst. De schlöppt nu sien Rausch ut." Silke un Frank nehmen ehr schlopend Kater un fohren up Huus an.

Twee Daag later pingel dat an Döör. Wiebke van tegenöver stund daar vör. „Moin mitnanner! Ik wull jo eben en Dankeschön bringen." Se hullt en lütt Paket in Hannen. „Ji hebbt in dat vergangen Johr so faken Paketen för mi annohmen. Eenmaal mööt man ok danke seggen!"

„Kumm graad rin! Ik geev en Glühwien oder Grog

ut. Is ja al Avend. Wat machst du?" nöög Silke ehr Naversch. „En Grog drink ik woll. Denn will ik weer na Huus. Mien Familie luurt up mi." Silke maak dree Grog. Frank keem van sülvst, wenn he de rook.

„Wurd hier Grog drunken? Doch woll nich ohn mi? Mooi, dat du in´t oll Johr noch eben rin kickst. Silke, hest du ok noch en Mund vull Skandaal för uns?" Wiebke lach: „Wat is dat denn?" „Keenst du kien Neeijohrskoken? Dat is wat leckers." „Klaar! Blot Mund vull Skandaal hebb ik noch sien Leev nich hört." antwoord se lachend.

„Wiebke hett uns Schlickers brocht. De köönt wi man glieks in Schapp packen. Nich dat Fritzi daar weer bi geiht." Silke maak sik immer noch Sörgen üm ehr lütten Kater. „Frett Fritzi Pralinen?" interesseer sik Wiebke daarför. Silke un Frank vertellen nu van Fritzi sien Besäufnis. „Jo, uns arm Kater harr en Kater! Aver van de solten Hergens wull he ok kien, de much he anners so gern. Kunnst di nich van retten."

Wiebke wunner sik: „Hest du dien lecker Hergens inleggt? Dat lohnt sik dit Johr doch gar nich. Silvester drööft wi doch nich fieren. Ik hebb al an Peter seggt, wi köönt man mit uns Sektbuddel ruut gohn un daar de Körken knallen laten. Anners wurd ja gar nich knallt. Dat wurd en eensamen Jahreswessel. Willt ji nich ok ruut kamen?" „ Jo, dat köönt wi woll. Aver suur Hergens tegen de Silvesterkater bruukt wi bestimmt nich. De schmeckt lecker to braden Tuffels un dat dat ganz Johr." antwoord Silke.

De Navers drepen sik to Silvester all up Stroot un wünschen sik en beter neei Johr, vör allen Dingen dat se all gesund bleven un dat nächst Silvester wedder blied mitnanner fieren kunnen.

Rhabarberkuchen mit Streuseln

Zutaten:
1 kg Rhabarber

Für den Teig:	Für die Streusel:
150 g Mehl	100 g Mehl
50 g Speisestärke	75 g Zucker
2 Tl Backpulver	75 g Butter
100 g Zucker	1 Vanillezucker
1 Vanillezucker	
1 Pr. Salz	**Sonstiges:**
100 g Butter	2 – 3 El Speisestärke
2 Eier	einige Rosinen
2 El Milch	

Ofen auf 180° C vorheizen und eine Springform ausfetten. Rhabarber schälen, waschen und in 2 cm Stücke schneiden.

Alle Zutaten für den Teig verrühren und in der Form verteilen. Den Rhabarber darauf verteilen und mit Speisestärke bestreuen. Rosinen nach Geschmack darüber streuen.

Streuselzutaten verkneten und auf dem Teig verteilen. Kuchen für 50 – 60 Minuten backen. Stäbchenprobe machen!

Abkühlen lassen, aus der Form lösen und mit Puderzucker bestäuben.

Dieser Kuchen schmeckt auch mit Äpfeln oder Kirschen.

Obstboden

3   Eier
6 El   Zucker
1   Vanillezucker
6 El   Mehl
6 El   Öl
1 ½ Tl Backpulver

Eier und Zucker sehr schaumig rühren. Die anderen Zutaten gut unterrühren. Die Tortenbodenform gründlich fetten und den Teig hineingeben. Backen bei 175° C (Ober/Unterhitze) 20 Minuten Nach dem Backen abkühlen lassen, stürzen und mit beliebigem Obst belegen.
Für ein Backblech doppeltes Rezept anrühren.

Obstboden(up platt)

3   Eier
6   El Zucker
1   Vanillezucker
6   El Mehl
6   El Öl
1 ½ Tl Backpulver

Eier un Zucker düchtig schumig röhren. De anner Todaten ünnerröhren. De Tortenbodenförm grünnelk fetten un de Deeg infüllen. Backen bi 175° C (Ober/Unterhitze) 20 Minuten. Na´t Backen afköhlen laten, stürzen un mit Obst belegen. För en Backblick düppelt Rezept anröhren.

Zur Autorin Helma Gerjets:

Die gebürtige Reepsholterin ist begeisterte Mutter und Oma. Nun wohnt sie in Hesel im Kreis Leer.

Nach dem Tod ihres Mannes hat sie seine Leidenschaft für die plattdeutsche Sprache übernommen und begonnen eigene Geschichten zu schreiben.

Sie veröffentlicht auch regelmäßig plattdeutsche Geschichten im Klosterboten, der Zeitschrift der Dorfgemeinschaft Reepsholt. Ebenfalls erscheinen Berichte und Geschichten in der „Na Sowas", der Monatszeitung in der Samtgemeinde Hesel bei Leer.

Schreiben ist neben dem Kochen ihr großes Hobby. Hier liegt jetzt das 14. Buch vor.